점잇기 놀이터, 점잇가경에 오신 걸 환영합니다.

이 책은 100개에서 1,000개의 점을 이으며 노는 점잇기 퍼즐 놀이터입니다.
점을 이을수록 눈앞에 멋진 풍경이 펼쳐집니다.
책장을 넘길수록 퍼즐은 점점 복잡해지고
이어야 할 점의 개수도 많아집니다.

모든 퍼즐에는 여러분이 도전할 시간과
점의 개수가 제시되어 있습니다.

시간 내에 완성하지 못하더라도 실망하지 말고 도전을 즐겨주세요!
책 맨 뒤쪽에 해답이 있지만 꾹 참고 도전해 보세요!

자, 이제 시작해볼까요?

이을수록 집중력이 생겨요
책의 접힌 부분을 통과해서 점잇기가 계속되기도 합니다.
색깔이 다른 점이 나타나 혼동을 주기도 합니다.
그럴수록 조금 더 이어보세요!
점을 이을수록 집중력이 생긴답니다.
그러면 완성은 코앞!

색을 채워 보세요
어떤 퍼즐 그림은 색칠하기에 좋아요.
점을 이어 그림을 완성한 다음
어울리는 색을 골라 칠해 보세요.

뇌가 놀고 싶을 때
점잇가경

POSSIBLE IMPOSSIBLE: INCREDIBLE dot-to-dot

Copyright© ISEEK Ltd. 2016

All rights reserved.

Korean translation copyright© 2018 by Okdang Books, Inc.

Korean translation rights arranged with ISEEK Ltd. through EYA(Eric Yang Agency).

이 책의 한국어판 저작권은 에릭양 에이전시를 통한 저작권자와의 독점 계약으로
도서출판 옥당에 있습니다. 저작권법에 의해 한국 내에서 보호를 받는 저작물이므로
무단 전재와 복제를 금합니다.

뇌가 놀고 싶을 때 점잇가경

그림 마크 파초, 줄리아 롬바르도, 모니카 바울레오/ **1쇄 발행** 2018년 2월 2일/ **3쇄 발행** 2022년 12월 15일/
발행처 (주)옥당북스/ **발행인** 신은영/ **등록번호** 제2018-000080호/ **등록일자** 2018년 5월 4일/
주소 경기도 고양시 일산동구 위시티1로 7, 507-303/ **전화** (070)8224-5900 **팩스** (031)8010-1066/
블로그 https://blog.naver.com/coolsey2/ **이메일** coolsey2@naver.com/
값은 표지에 있습니다./ **ISBN** 978-89-93952-88-9 13690

이 도서의 국립중앙도서관 출판시도서목록(CIP)은 e-CIP 홈페이지(http://www.nl.go.kr/ecip)에서 이용하실 수 있습니다.(CIP제어번호: CIP2018001223)

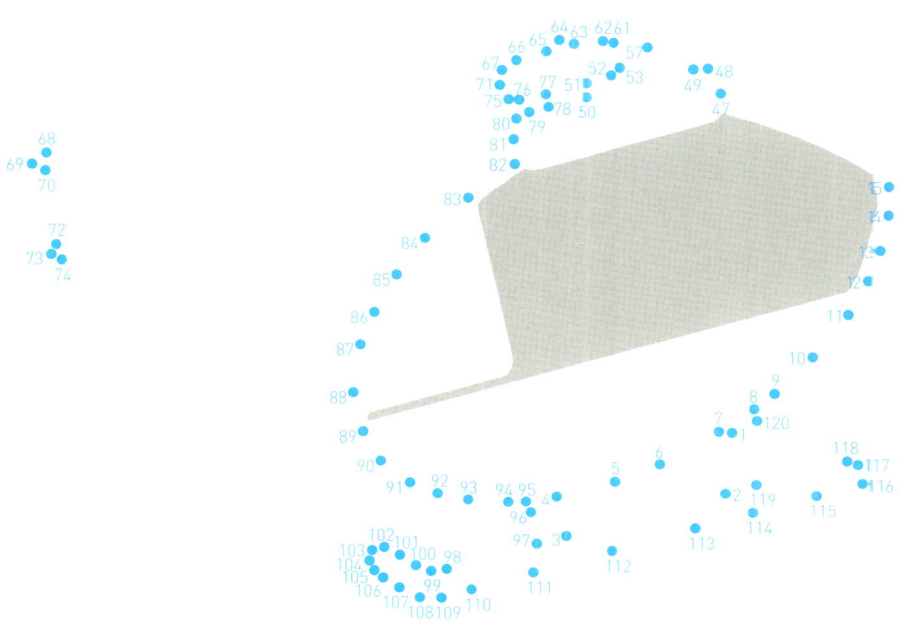

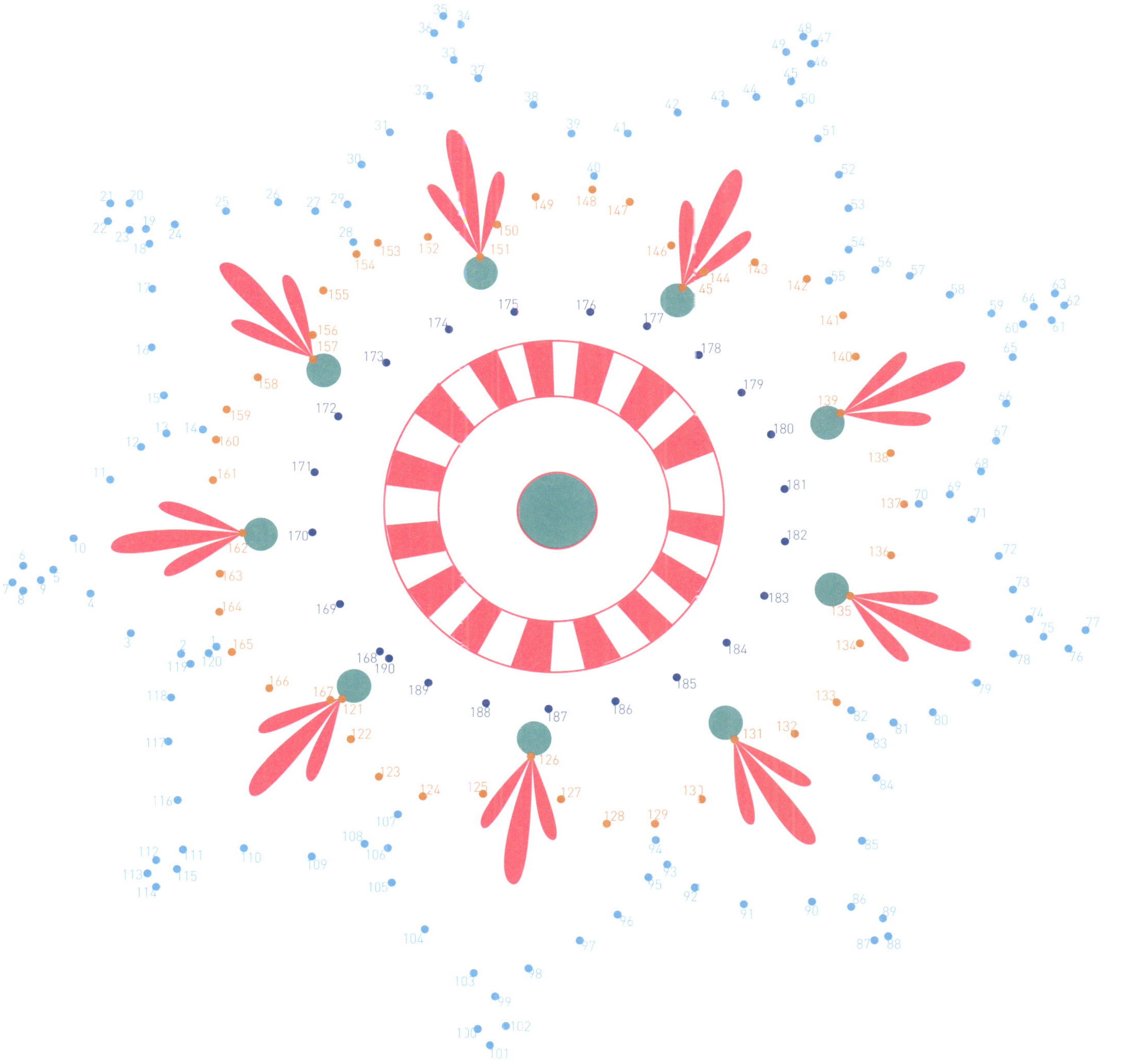

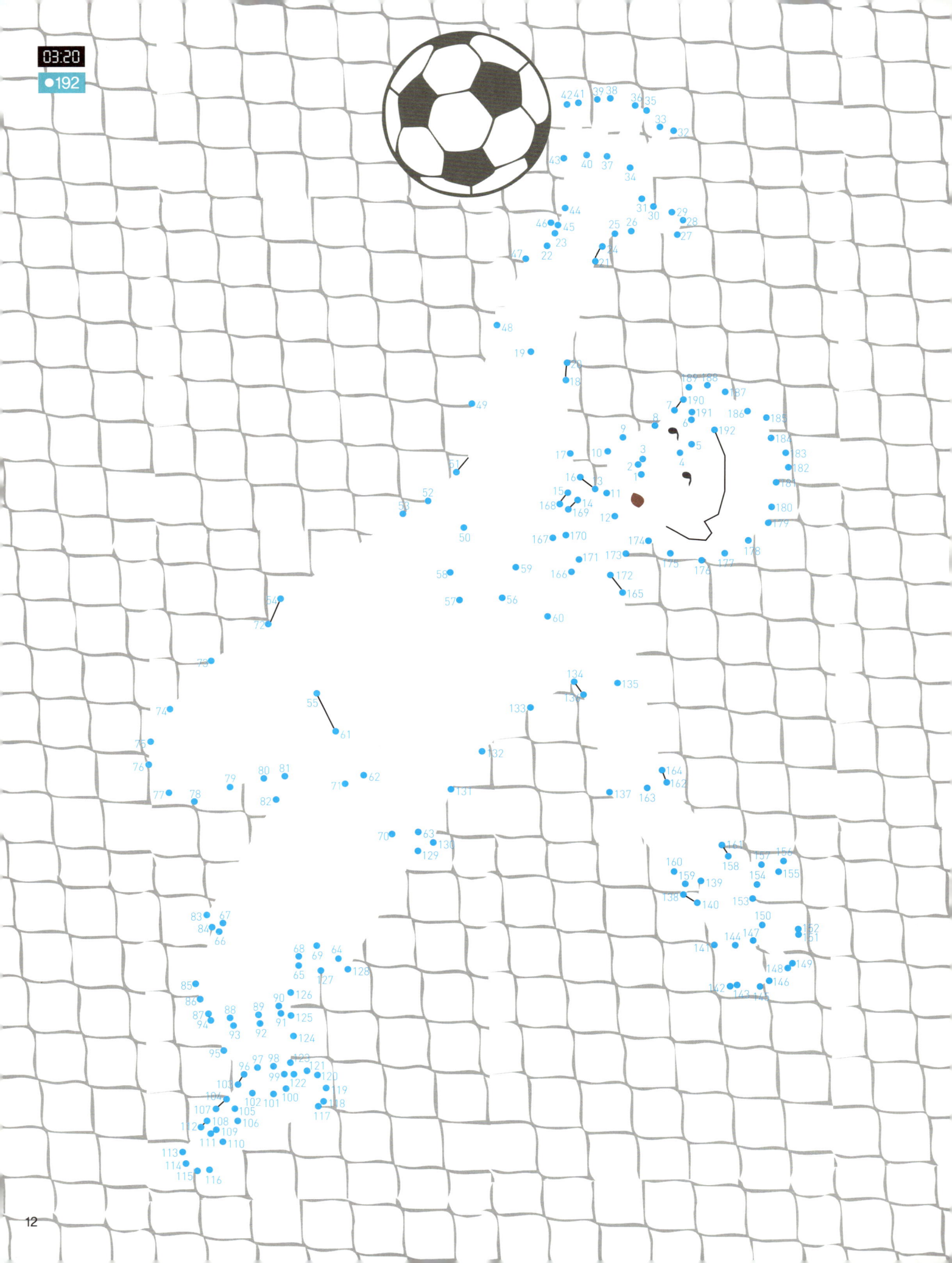

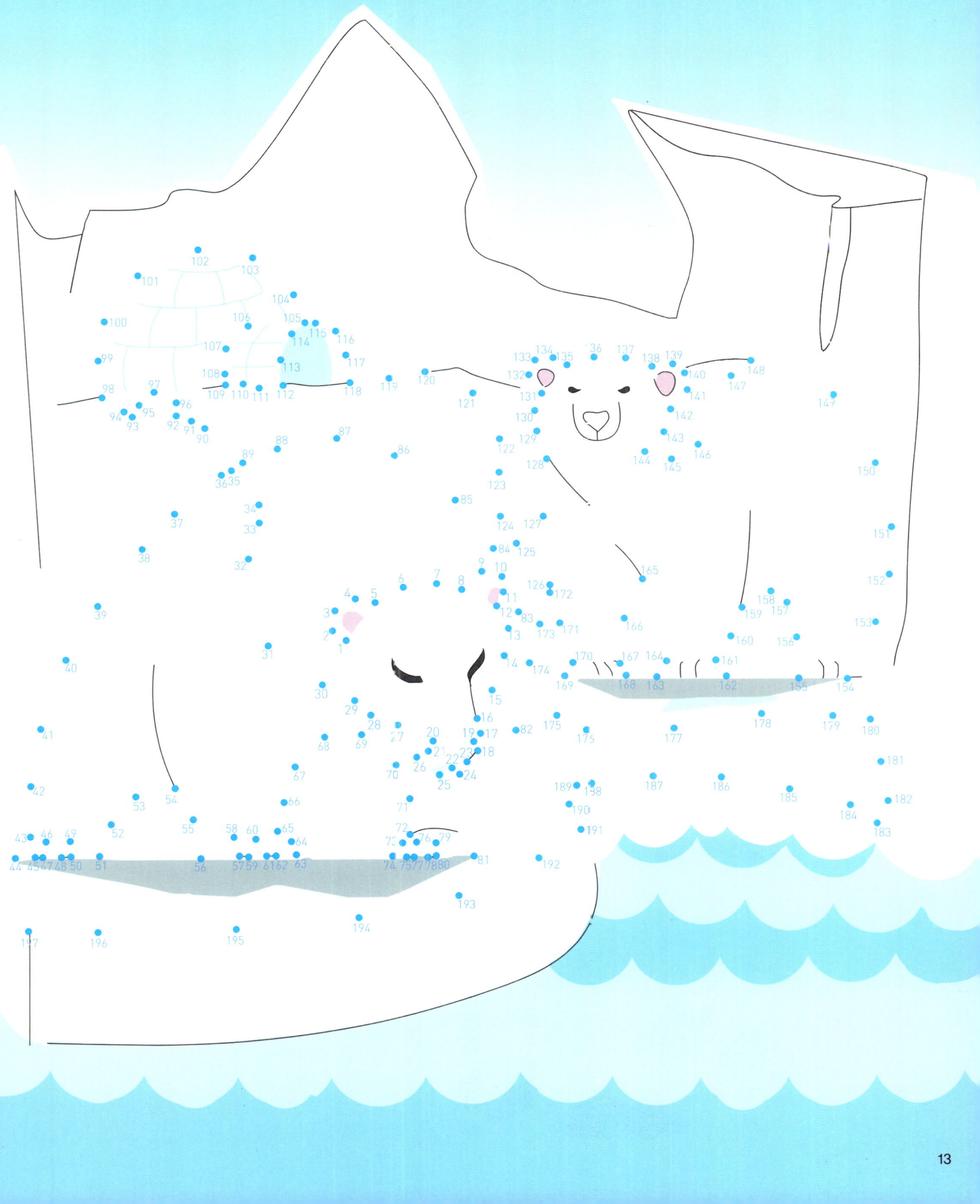

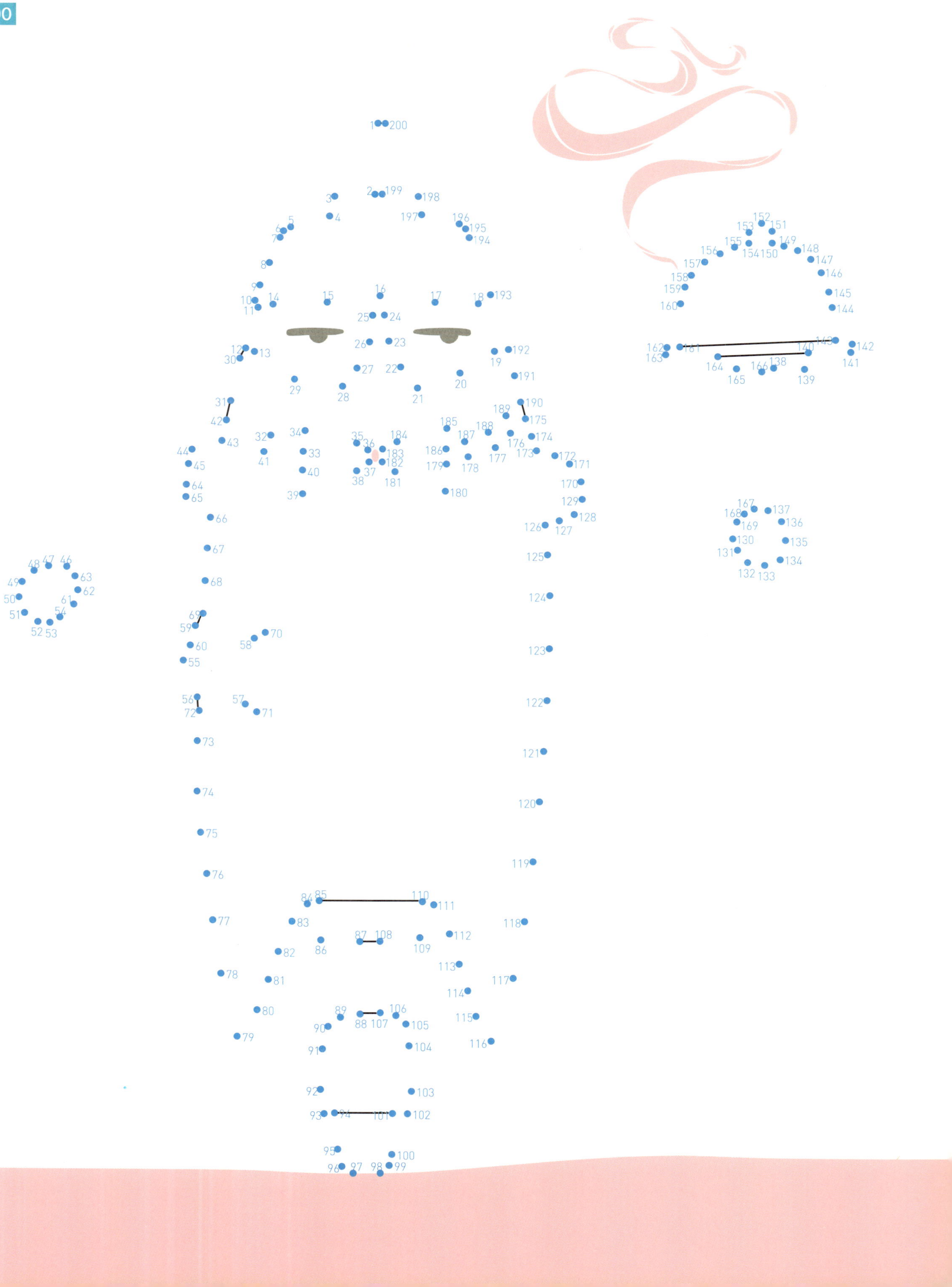

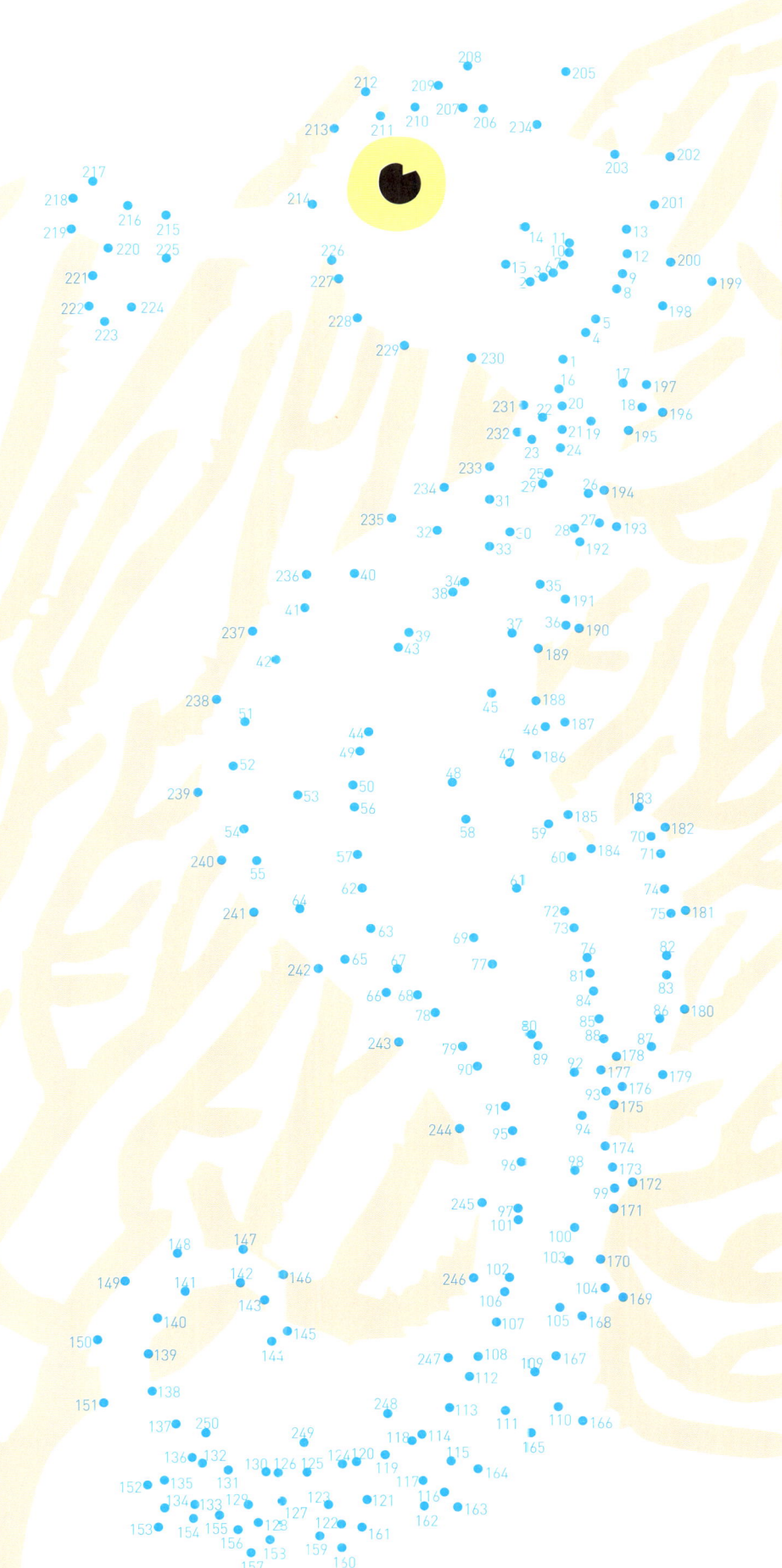

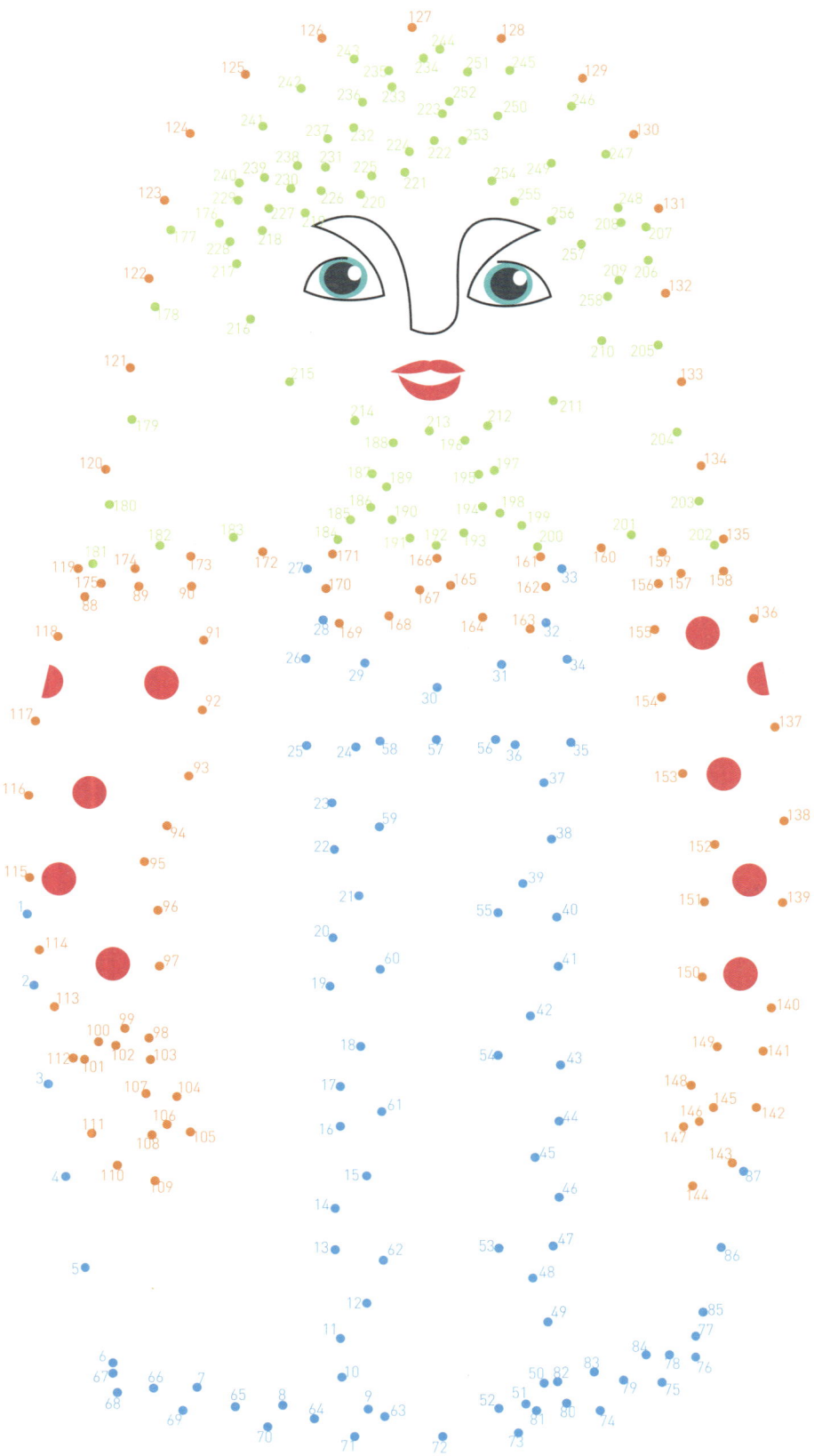

29

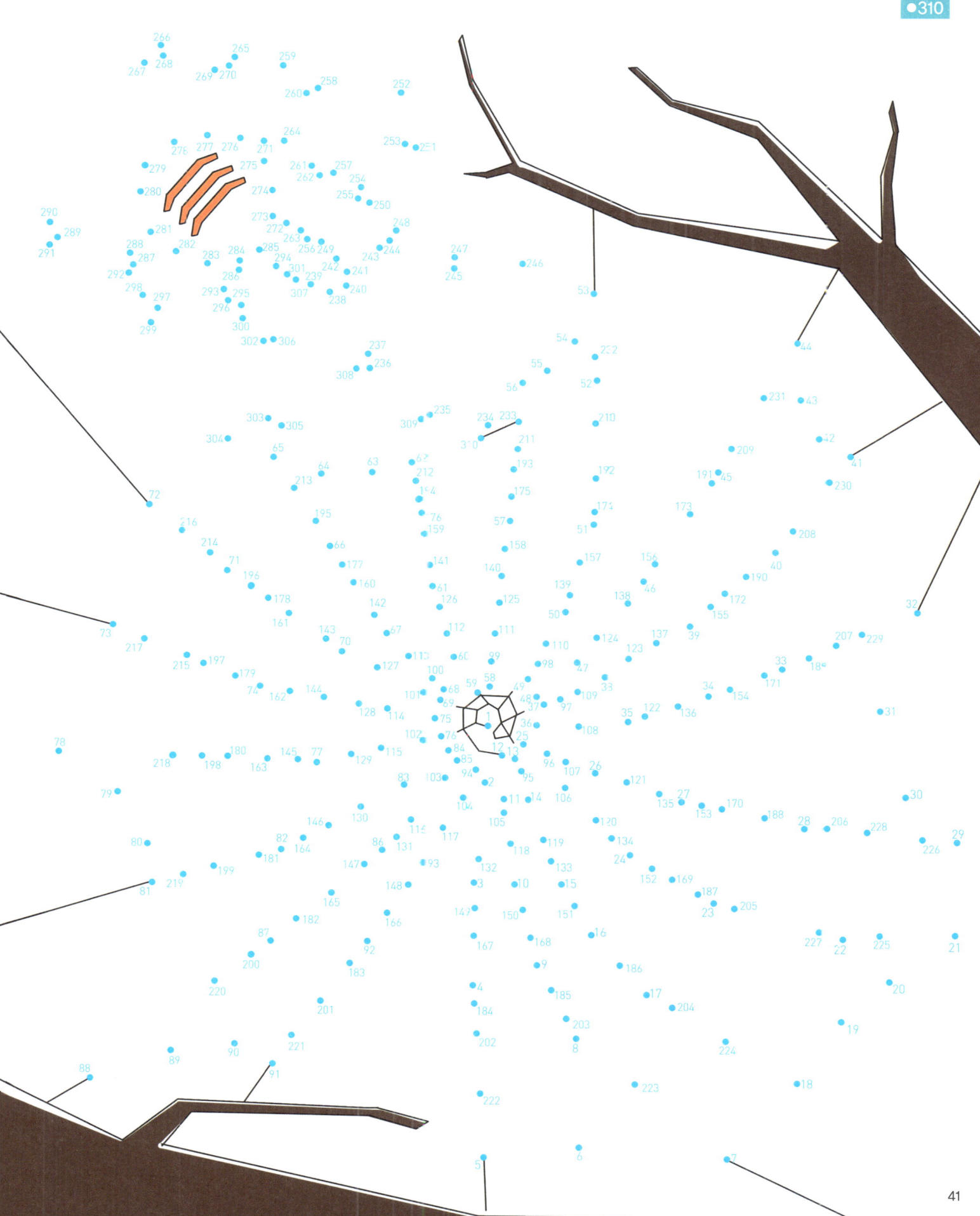

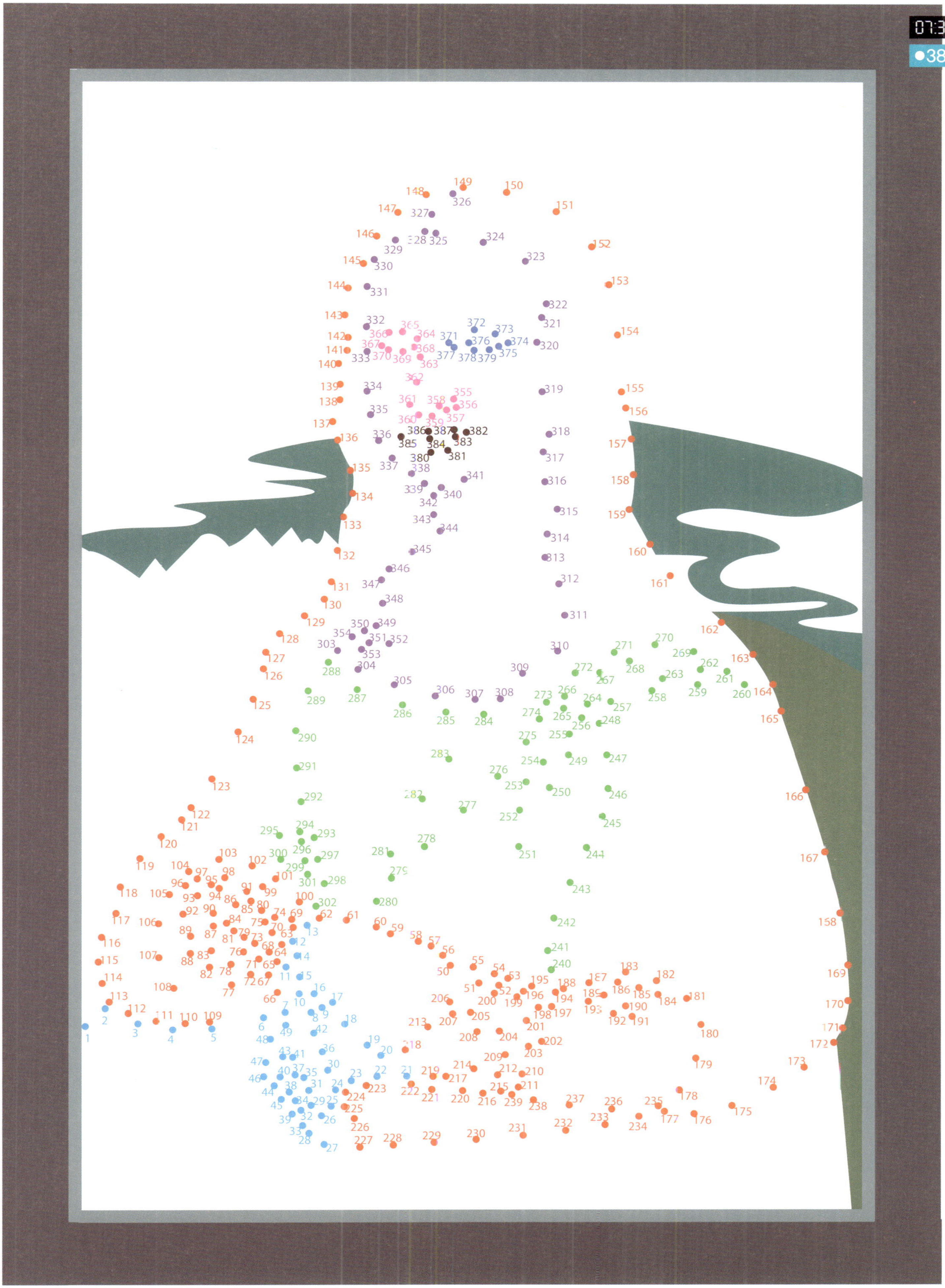

07:45
●410

51

08:35

●500

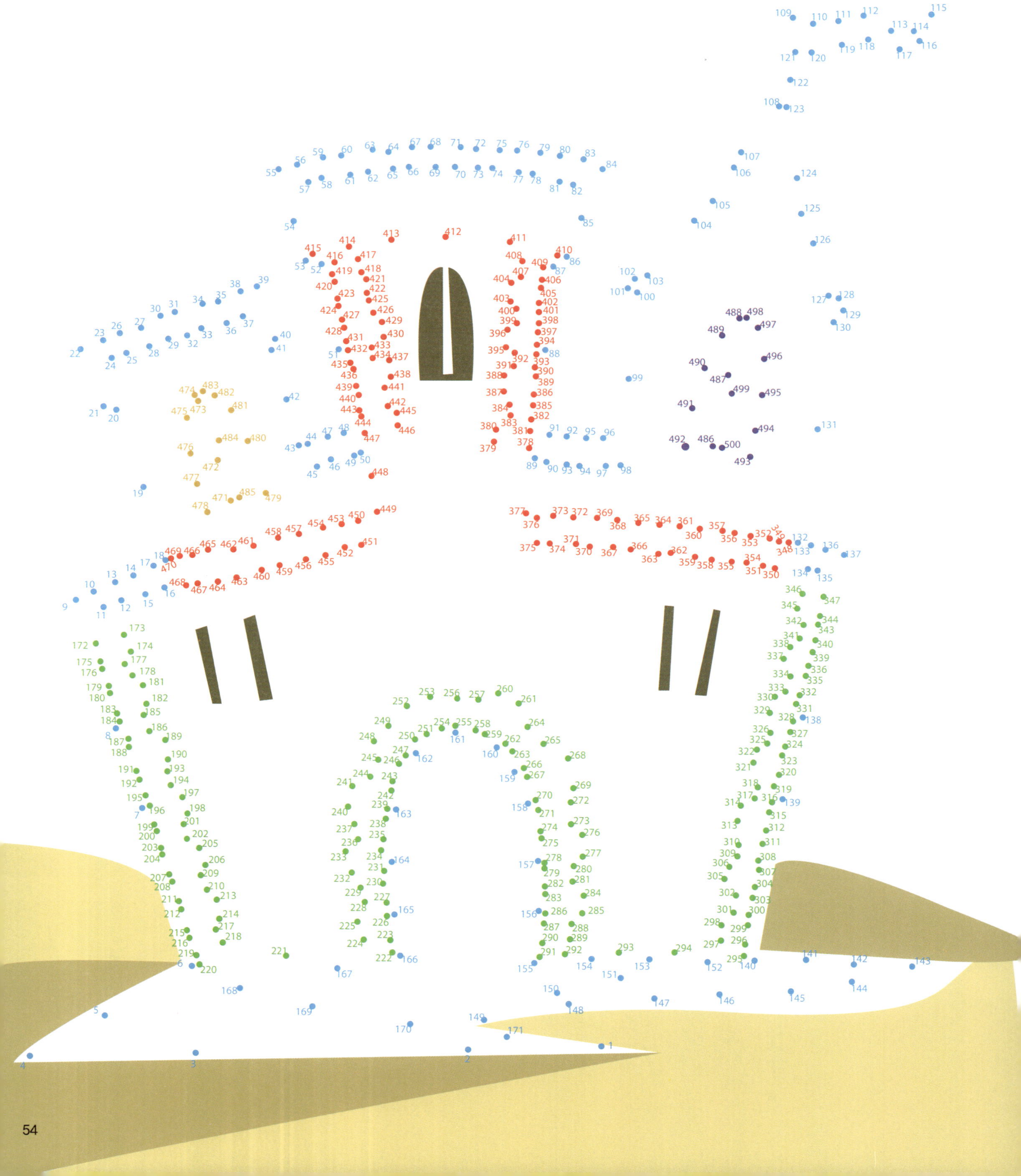

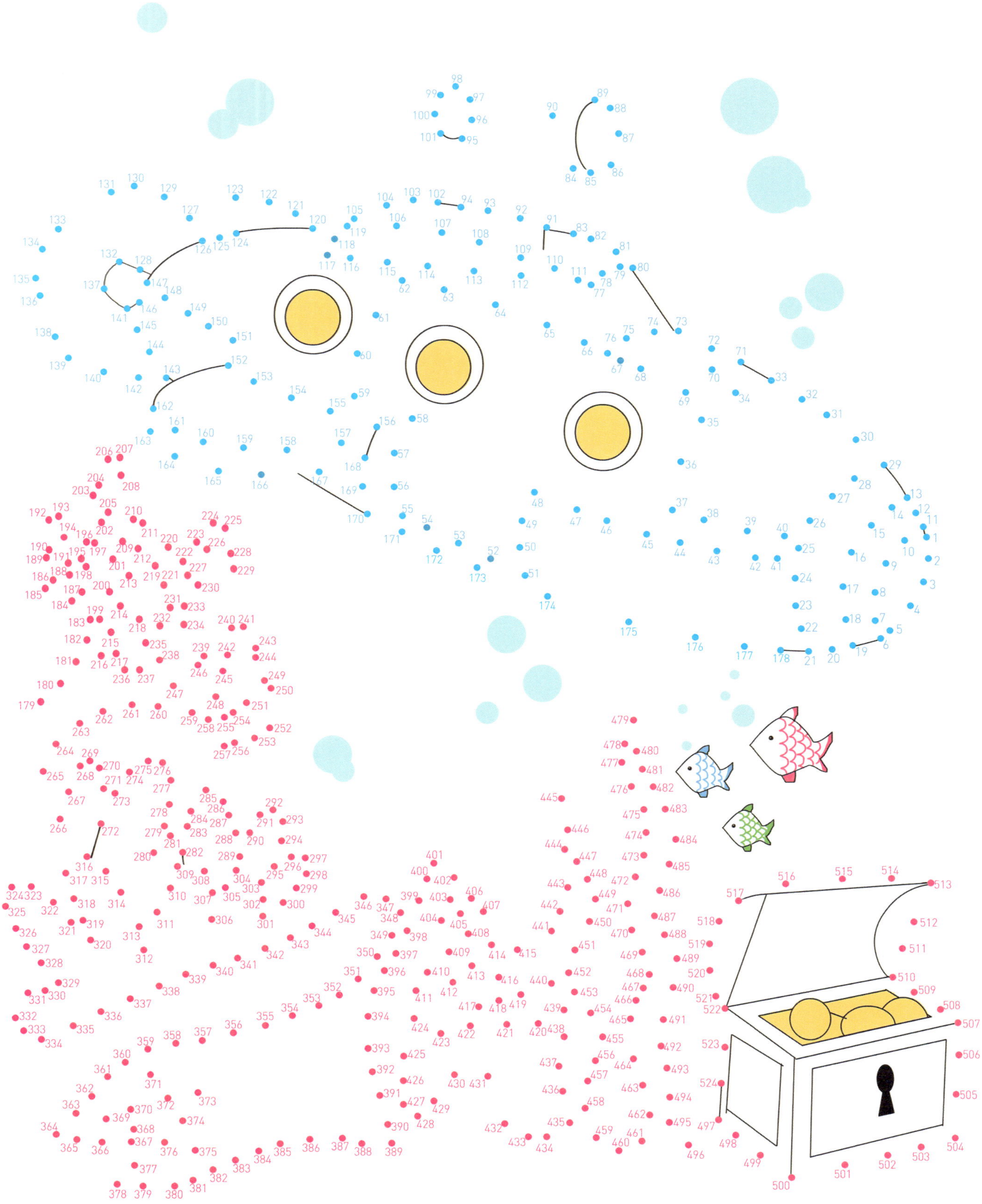

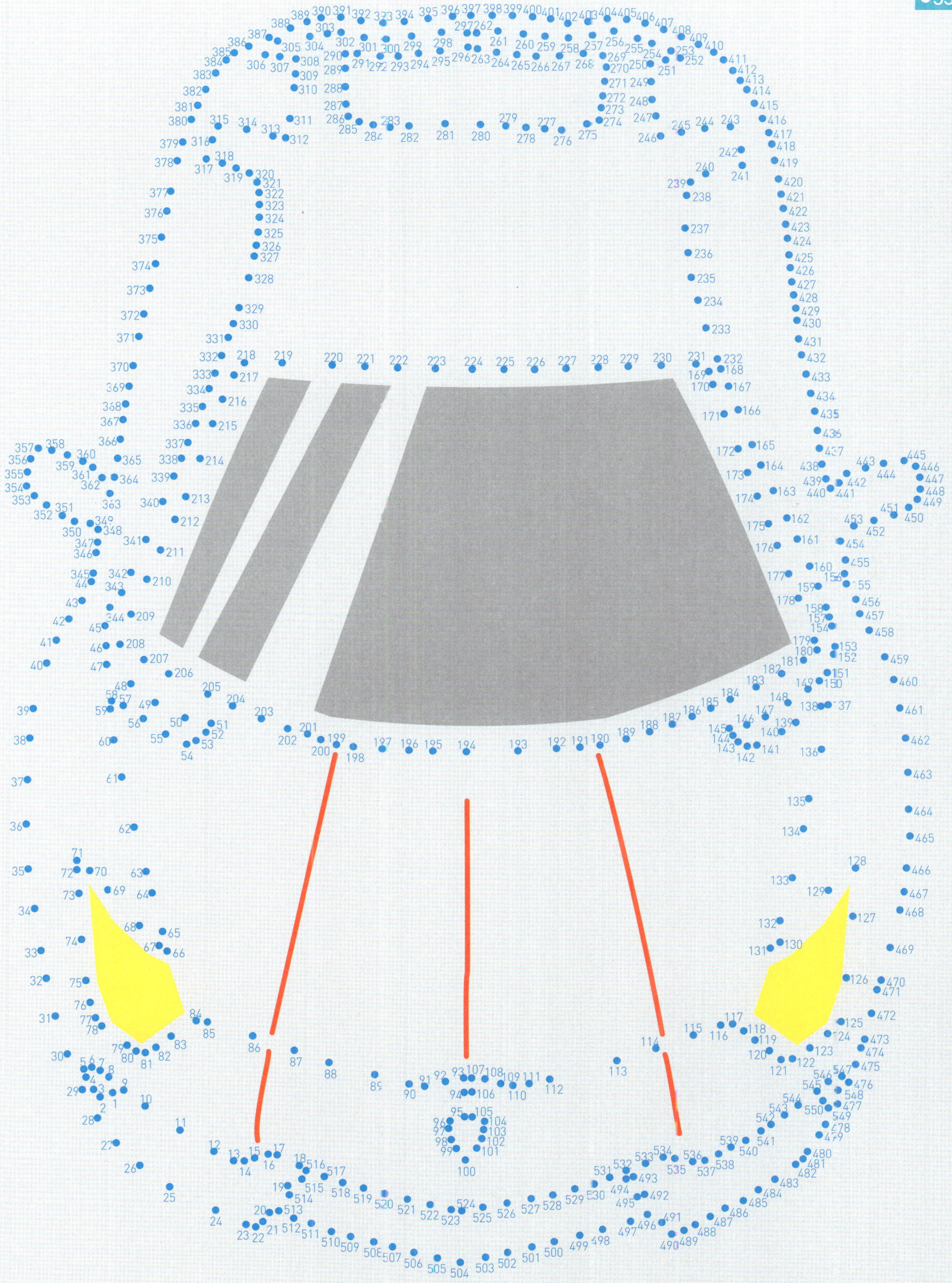

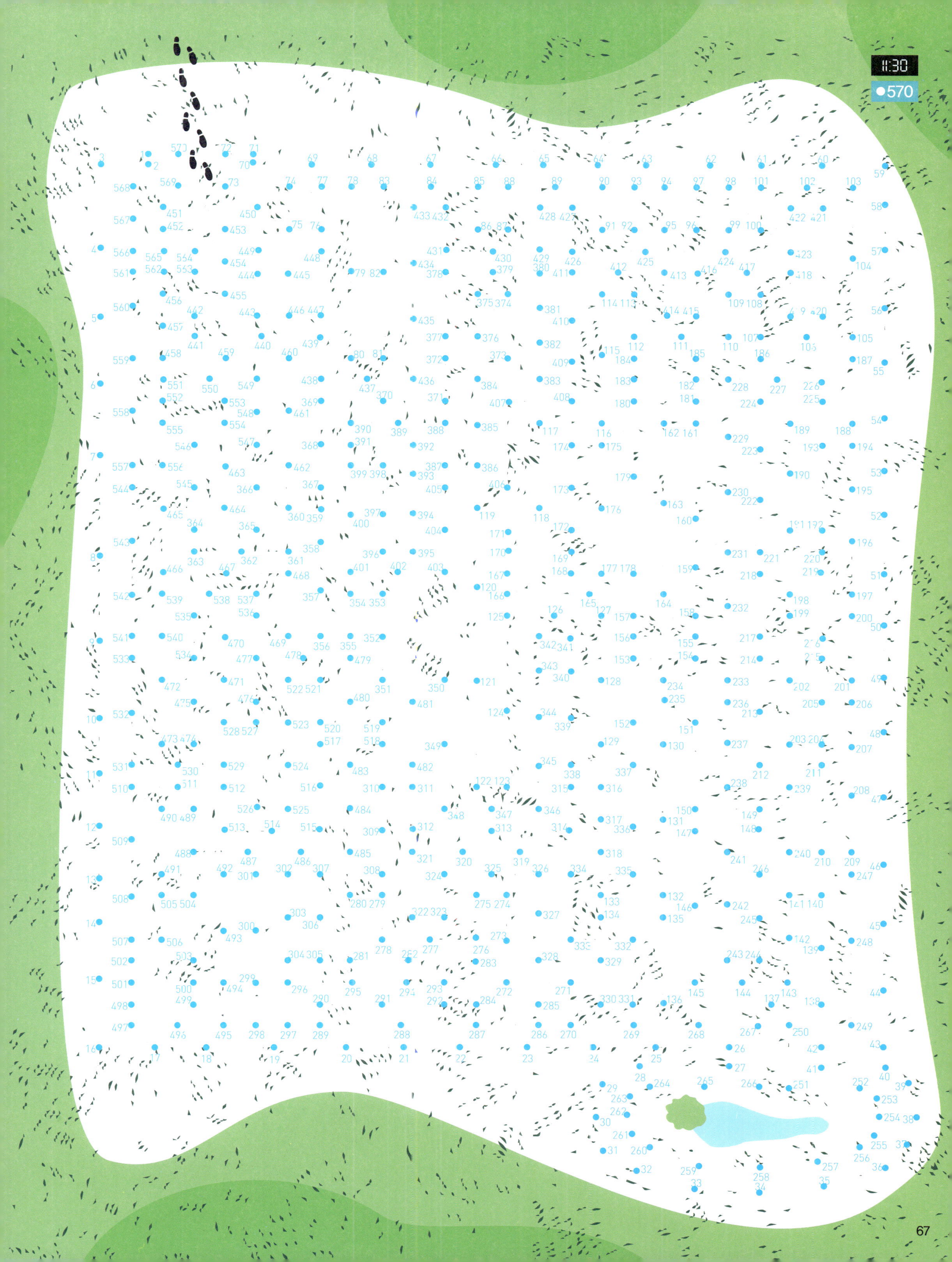
11:30
570

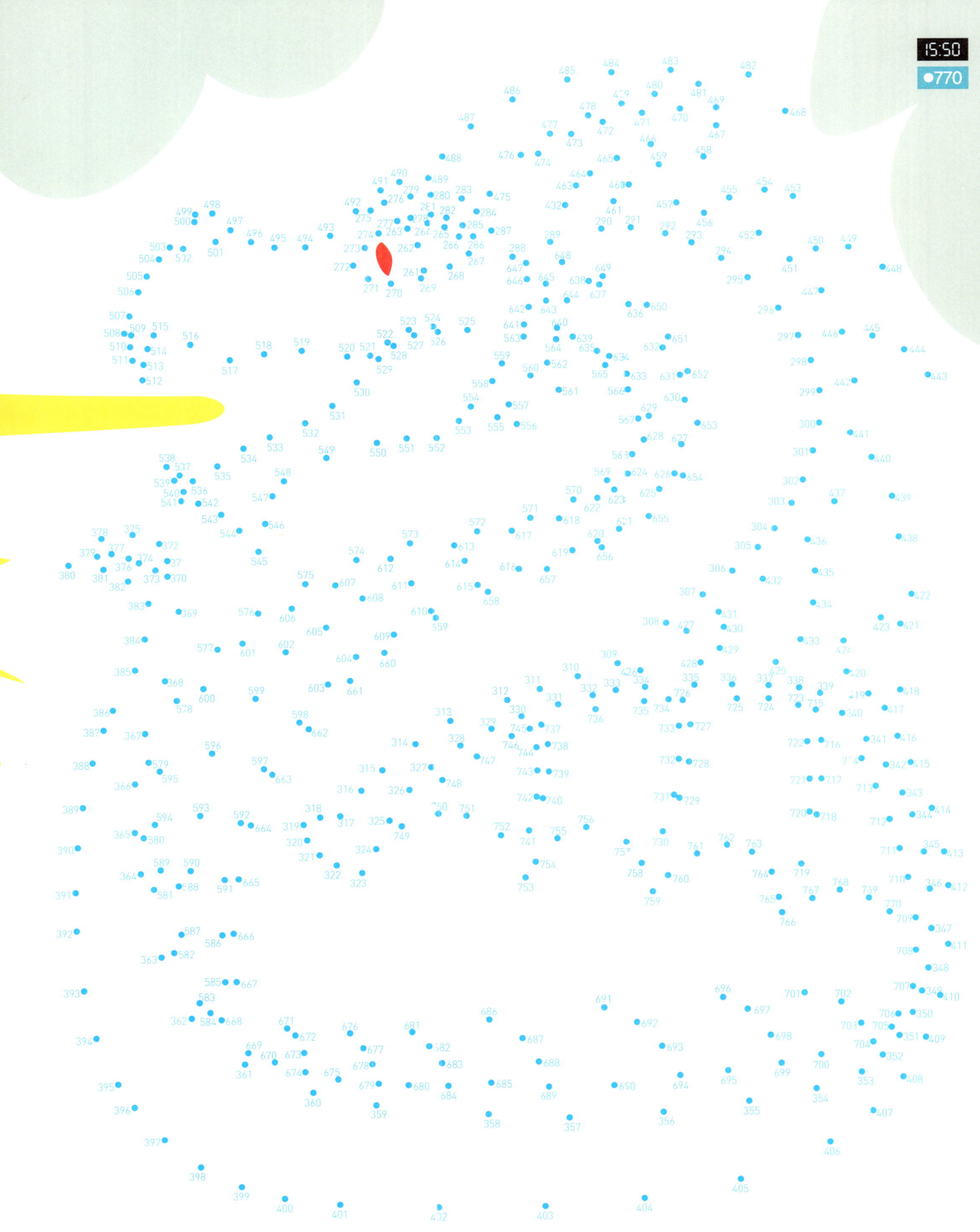

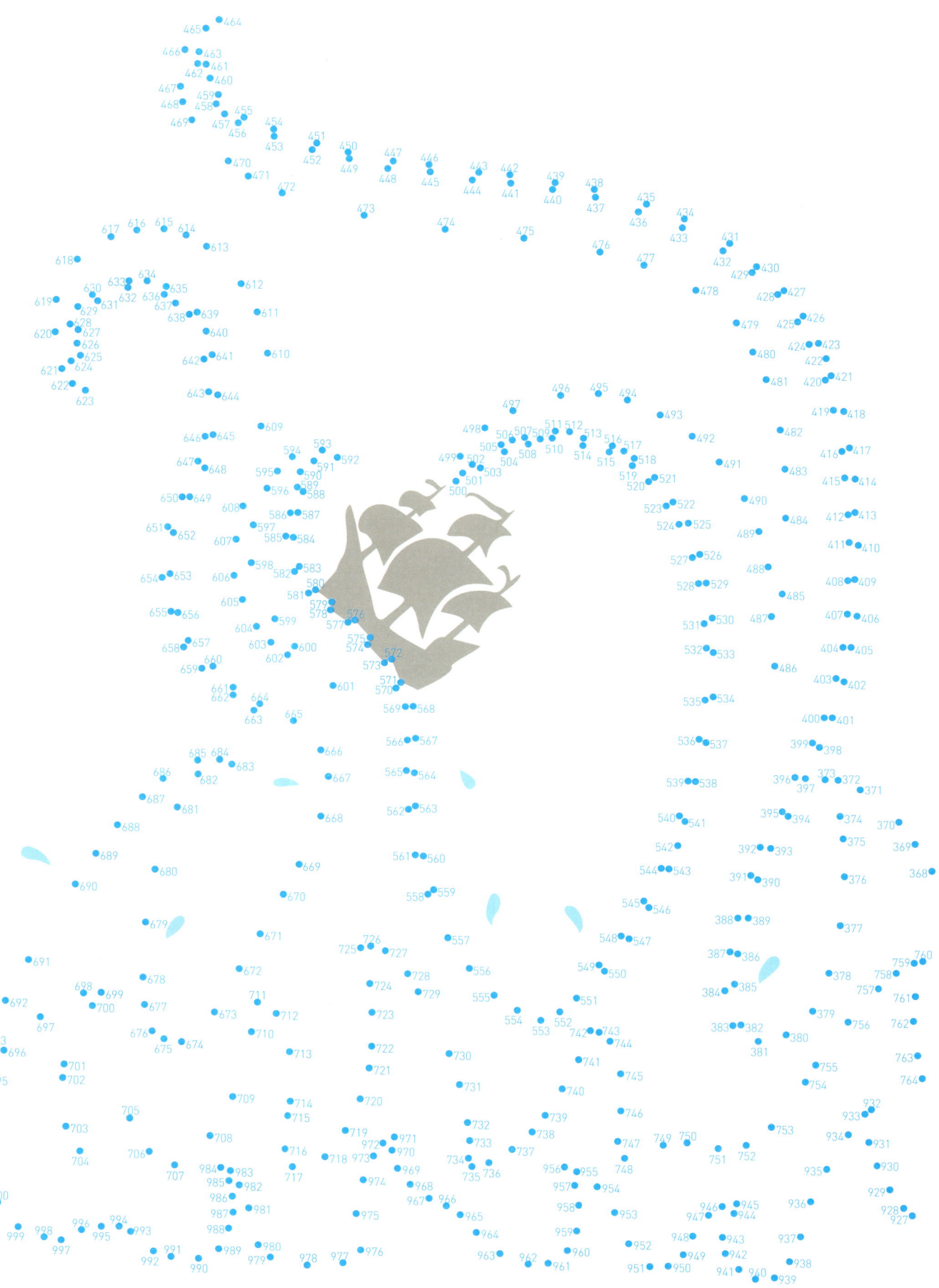

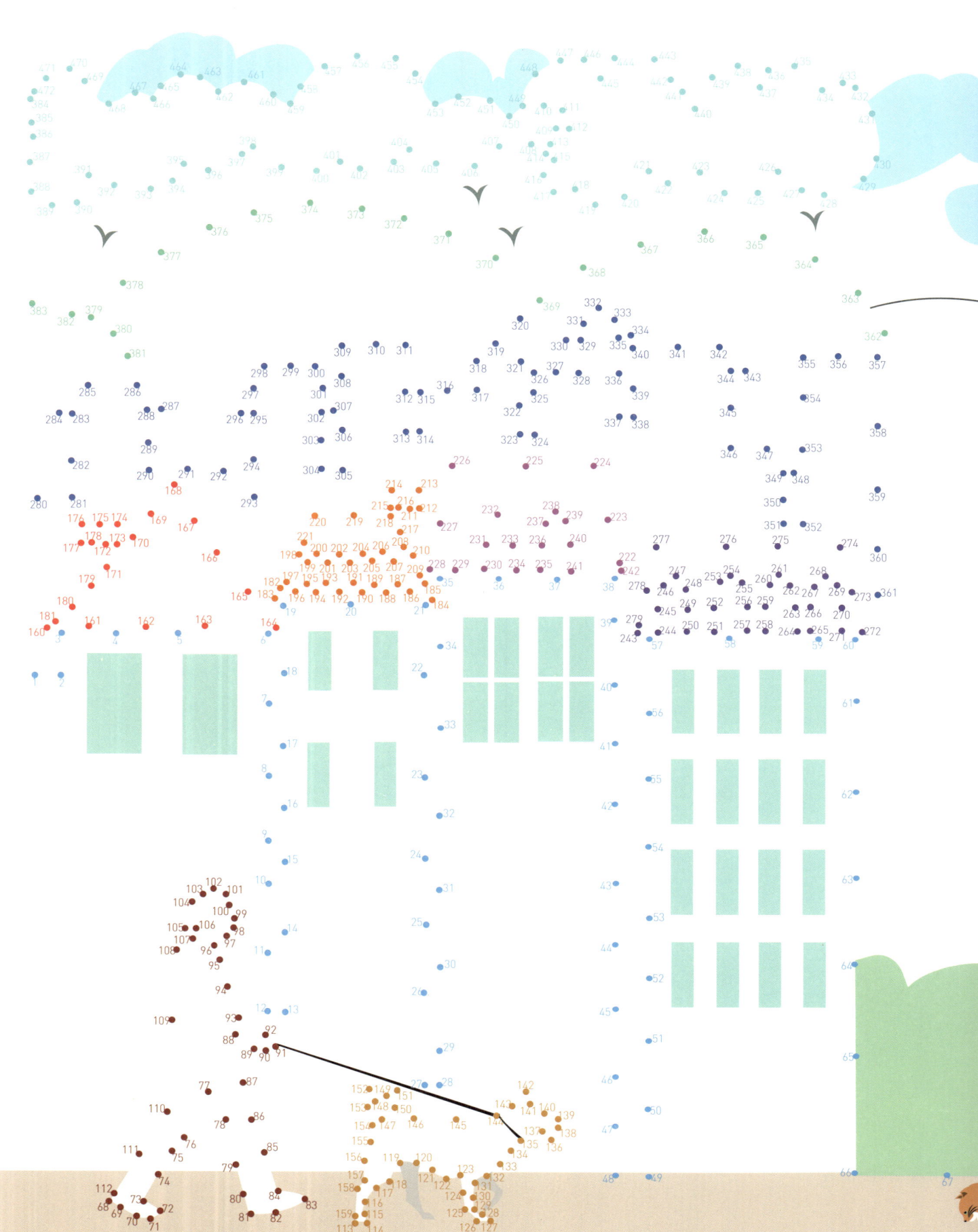

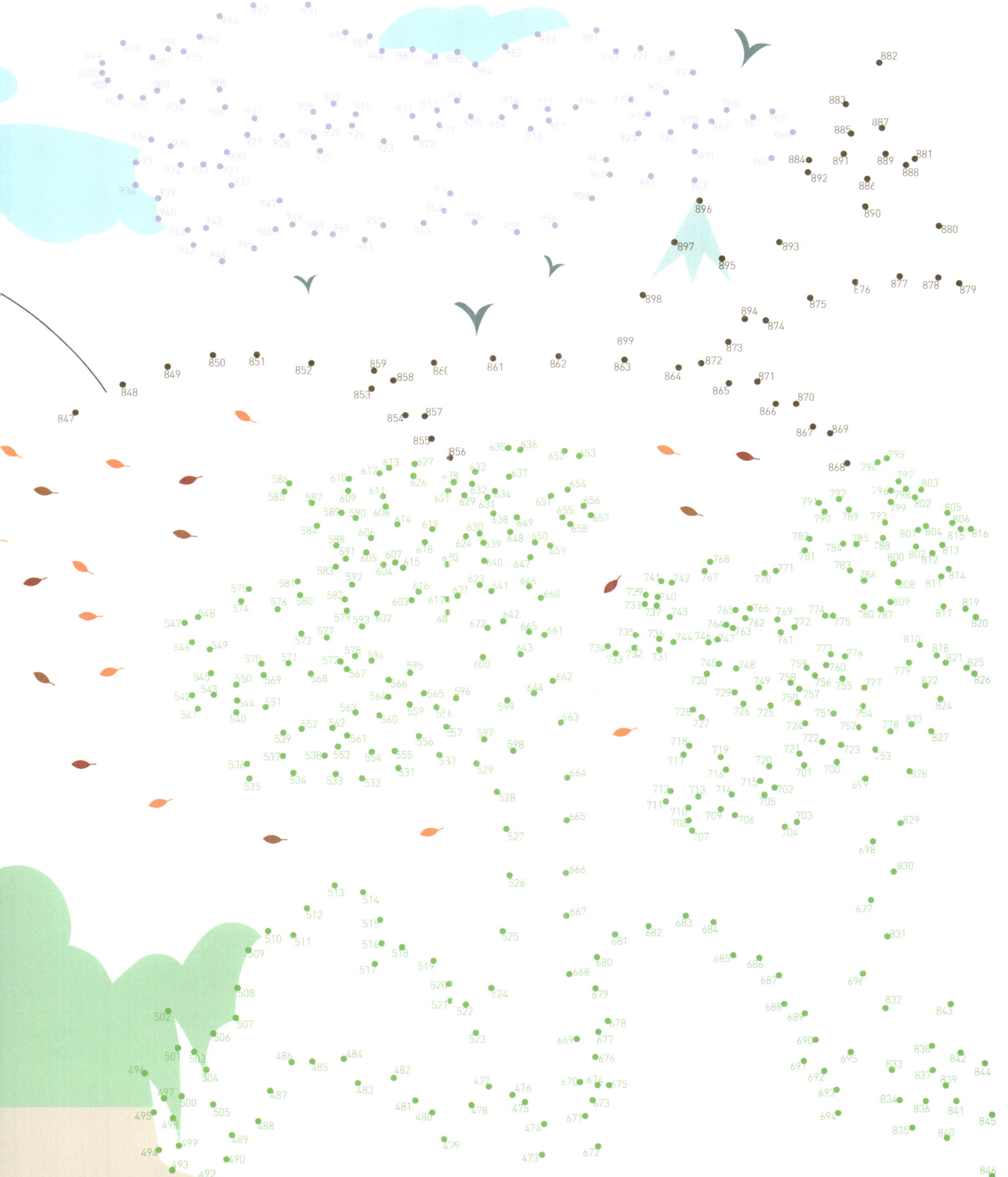

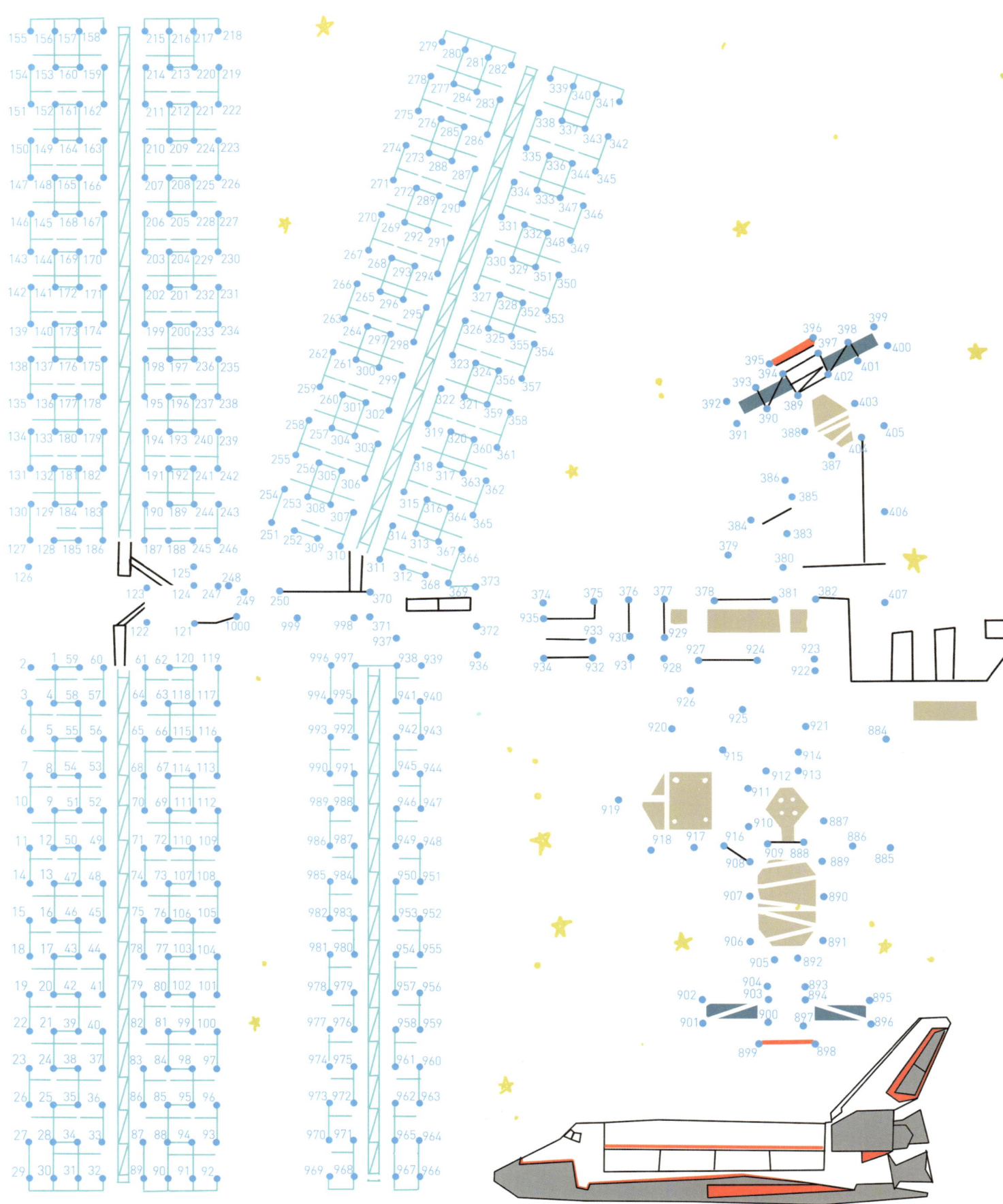

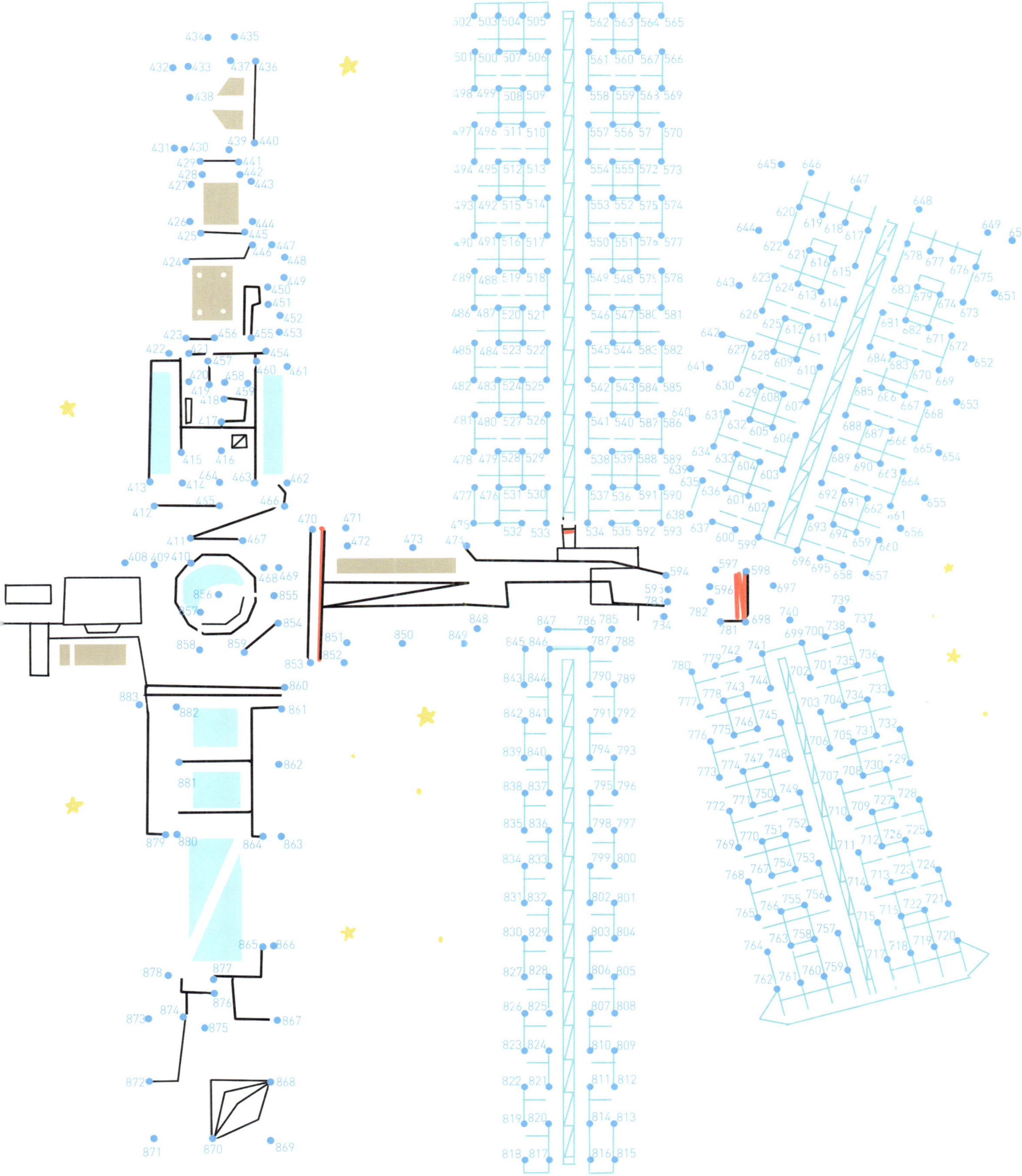

SOLUTION

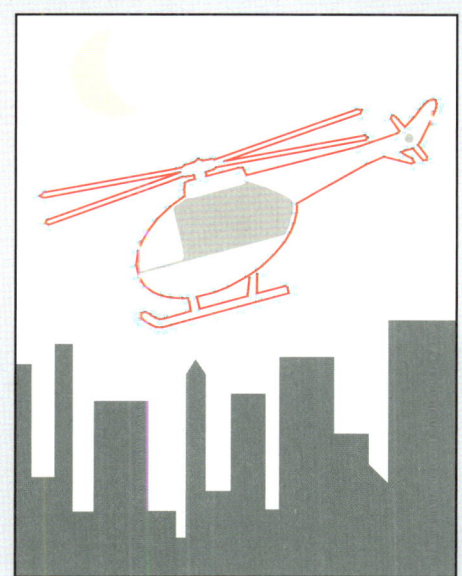

SOLUTION

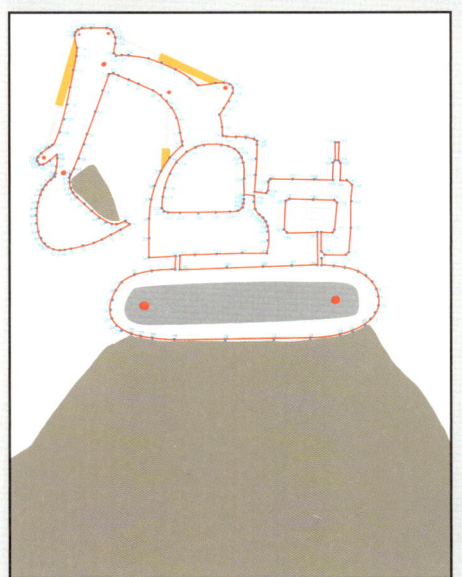

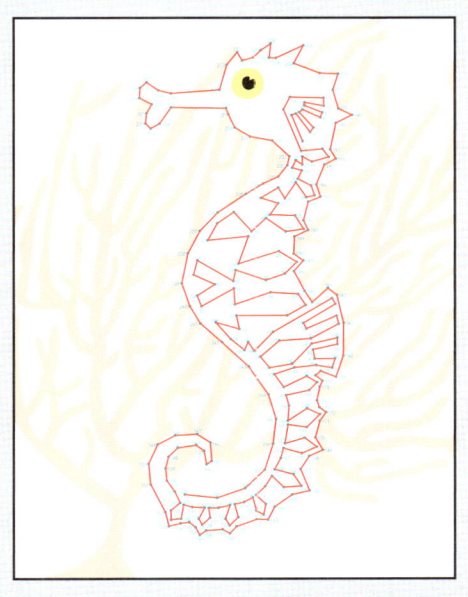

SOLUTION

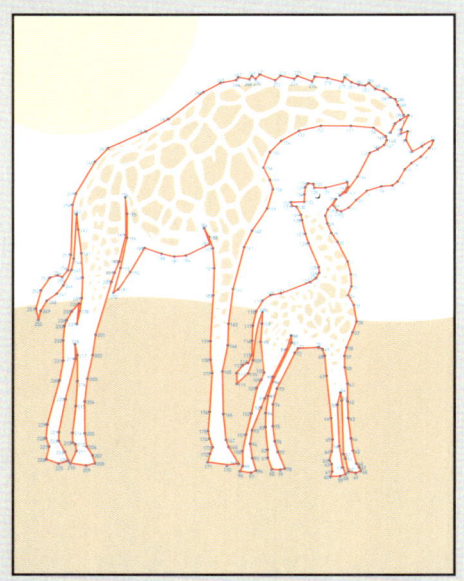

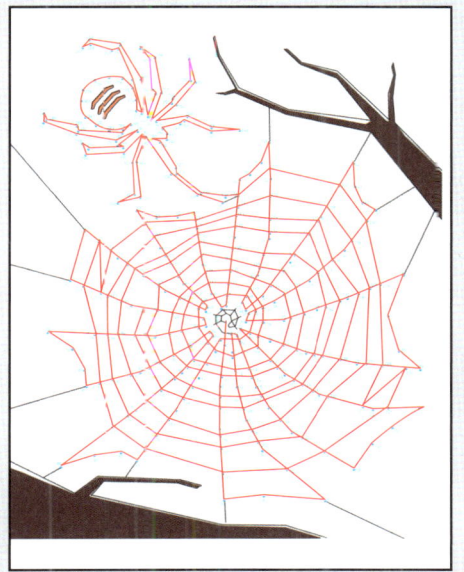

SOLUTION

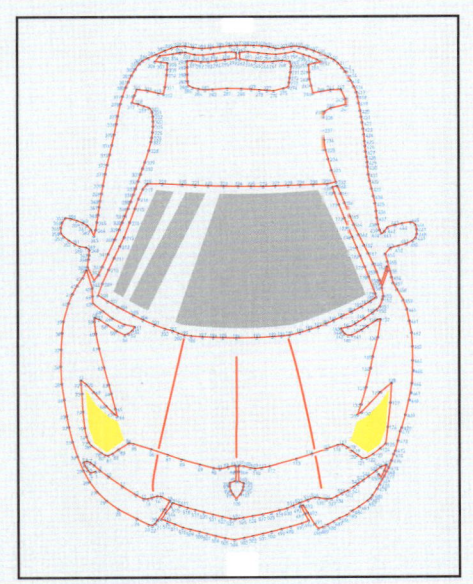

SOLUTION

SOLUTION